W0381661

Deutsch an Stationen

Handlungsorientierte Materialien für die Klasse 1

SPEZIAL

Buchstaben kennenlernen

Auer

Die Herausgeber:

Marco Bettner – Rektor als Ausbildungsleiter,
Referent in der Lehrerfort- und Lehrerweiterbildung,
zahlreiche Veröffentlichungen als Autor und Herausgeber

Dr. Erik Dinges – Rektor einer Förderschule für Lernhilfe,
Referent in der Lehrerfort- und Lehrerweiterbildung,
zahlreiche Veröffentlichungen als Autor und Herausgeber

Die Autorin:

Melanie Bettner – Diplom-Pädagogin, zertifizierte Legasthenie- und Dyskalkulietrainerin sowie Lerntrainerin

Gedruckt auf umweltbewusst gefertigtem, chlorfrei gebleichtem
und alterungsbeständigem Papier.

2. Auflage 2016
Nach den seit 2006 amtlich gültigen Regelungen der Rechtschreibung

Umschlagillustration: Corina Beurenmeister
Illustrationen: Corina Beurenmeister
Satz: Fotosatz H. Buck, Kumhausen
Druck und Bindung: Kessler Druck + Medien
ISBN 978-3-403-**07191**-4

www.auer-verlag.de

Inhalt

Vorwort

Bei den vorliegenden Stationsarbeiten handelt es sich um eine Arbeitsform, bei der unterschiedliche Lernvoraussetzungen, unterschiedliche Zugänge und Betrachtungsweisen und unterschiedliche Lern- und Arbeitstempi der Schüler* Berücksichtigung finden. Die Grundidee ist, den Schülern einzelne Arbeitsstationen anzubieten, an denen sie gleichzeitig selbstständig arbeiten können. Die Reihenfolge des Bearbeitens der einzelnen Stationen ist dabei ebenso frei wählbar wie das Arbeitstempo und meist auch die Sozialform.
Als dominierende Unterrichtsprinzipien sind bei allen Stationen die Schüler- und Handlungsorientierung aufzuführen. Schülerorientierung meint, dass der Lehrer in den Hintergrund tritt und nicht mehr im Mittelpunkt der Interaktion steht. Er wird zum Beobachter, Berater und Moderator. Seine Aufgabe ist nicht das Strukturieren und Darbieten des Lerngegenstandes in kleinsten Schritten, sondern durch die vorbereiteten Stationen eine Lernatmosphäre zu schaffen, in der die Schüler sich Unterrichtsinhalte eigenständig erarbeiten bzw. Lerninhalte festigen und vertiefen können.
Handlungsorientierung meint, dass das angebotene Material und die Arbeitsaufträge für sich selbst sprechen. Der Unterrichtsgegenstand und die zu gewinnenden Erkenntnisse werden nicht durch den Lehrer dargeboten, sondern durch die Auseinandersetzung mit dem Material und die eigene Tätigkeit gewonnen und begriffen.

Ziel der Veröffentlichung ist, wie oben angesprochen, das Anknüpfen an unterschiedliche Lernvoraussetzungen der Schüler. Jeder einzelne Schüler erhält seinen eigenen Zugang zum inhaltlichen Lernstoff. Die einzelnen Stationen ermöglichen das Lernen nach allen Sinnen bzw. nach den verschiedenen Eingangskanälen. Dabei werden sowohl visuelle (sehorientierte), haptische (fühlorientierte) als auch intellektuelle Lerntypen angesprochen. An dieser Stelle werden auch gleichermaßen die Bruner'schen Repräsentationsebenen (enaktiv bzw. handelnd, ikonisch bzw. visuell und symbolisch) mit einbezogen. Aus Ergebnissen der Wissenschaft ist bekannt: Je mehr Eingangskanäle angesprochen werden, umso besser und langfristiger wird Wissen gespeichert und damit umso fester verankert. Das vorliegende Arbeitsheft unterstützt in diesem Zusammenhang das Erinnerungsvermögen, das nicht nur an Einzelheiten, an Begriffe und Zahlen geknüpft ist, sondern häufig auch an die Lernsituation.

Viel Freude und Erfolg mit dem vorliegenden Band wünschen Ihnen
die Herausgeber

Marco Bettner *Dr. Erik Dinges*

---

* Aufgrund der besseren Lesbarkeit ist in diesem Buch mit Schüler auch immer Schülerin gemeint, ebenso verhält es sich mit Lehrer und Lehrerin etc.

Materialaufstellung und Hinweise

Bei einigen Stationen werden in der Kopfzeile Symbole für Partnerarbeit (☺☺) oder Gruppenarbeit (☺☺☺) angegeben. Hier ist es unverzichtbar, dass die Kinder miteinander arbeiten. Allerdings sollte die Partnerarbeit der Einzelarbeit generell oft vorgezogen werden, um die kommunikative Komponente zu nutzen und zu fördern.

Bei den Stationenläufen „Optische Übungen zu einem Buchstaben", „Akustische Übungen zu einem Buchstaben", „Haptische Übungen zu einem Buchstaben" und „Schreibmotorische Übungen zu einem Buchstaben" kann mit einem (oder auch mehreren) beliebigen Buchstaben gearbeitet werden. Dazu einfach den entsprechenden Buchstaben in das leere Feld auf dem Arbeitsblatt schreiben oder eine Buchstabenkarte (S. 70–75) aufkleben.

Optische Übungen zu einem Buchstaben

Die Seiten 9–19 in entsprechender Anzahl kopieren und bereitlegen.

Station 1 **Kartoffelbuchstaben**
Kartoffelstempel, Wasserfarben, Pinsel und weißes Papier (DIN A4) bereitlegen.
Herstellung eines Kartoffelstempels: Auf einer Kartoffelhälfte wird ein Buchstabe (seitenverkehrt!) aufgemalt. Um den Buchstaben herum wird mit dem Messer so geschnitten, dass der Buchstabe erhaben stehenbleibt.

Station 2 **Zeitungsbuchstaben**
Weißes Papier (DIN A4), alte Zeitungen und Klebstoff bereitlegen.

Station 3 **Buchstabencollage**
Zeitschriften, bedruckte Verpackungen, Scheren, weißes großflächiges Papier (DIN A3) und Klebstoff bereitlegen.
Zusätzlich können die Schüler den Buchstaben an einem PC in verschiedenen Schriften und Größen ausdrucken und ebenfalls auf das Plakat kleben.

Station 4 **Buchstabensuppe**
Alternativ kann eine richtige Buchstabensuppe in einem Teller bereitgestellt werden. Die Schüler müssen den Buchstaben mit dem Löffel suchen und auf den Rand des Tellers legen.

Station 5 **Buchstabenbau**
Zeitungen, Zeitschriften, Scheren, weißes Papier (DIN A4) und Klebstoff bereitlegen.

Station 6 **Buchstabenbild**
Weißes Papier (DIN A4), bunte Farben (z. B. Wasserfarben oder Wachsmalkreiden), Dekorationsmaterialien (z. B. Glitter, Pailletten, Glitzerstaub etc.) und Klebstoff bereitlegen.

Station 7 **Würfelbuchstaben**
Die Würfel-Vorlage (S. 16) zweimal kopieren, ausschneiden, mit verschiedenen Buchstaben (S. 70–75) bekleben und bereitlegen. Dabei den neuen Buchstaben einmal auf jedem Würfel verwenden (entweder nur Großbuchstaben oder Groß- und Kleinbuchstabe). Die Würfel an den Laschen zusammenkleben.

Station 9 **Prickelnde Buchstaben**
Weißes Papier (DIN A4), weiche Unterlagen (z. B. aus Filz) und Zahnstocher bereitlegen. Bei schwierigen Buchstaben und leistungsschwächeren Schülern den Buchstaben vorab auf das Papier zeichnen.

Station 10 **Steinmalerei**
Flache Steine, Pinsel und Wasserfarben bereitlegen.

Akustische Übungen zu einem Buchstaben

Die Seiten 20–29 in entsprechender Anzahl kopieren und bereitlegen.

Station 2 **Städte-Reisen**
Spielvariante (leichter): Alle Kinder fahren an den gleichen Ort, aber nehmen verschiedene Dinge mit.

Station 3 **Alle Vögel fliegen hoch**
Spielvariante: Alle Gegenstände fliegen hoch, die den Buchstaben an einer beliebigen Stelle im Wort haben, nicht nur im Anlaut.

Station 4 **Klatschspiel**
Zur Unterstützung können Wort- oder Bildkarten bereitgelegt werden.

Station 7 **Gruppen bilden**
Gegenstände bereitstellen, die den Buchstaben im Namen (im Anlaut, in der Mitte oder im Auslaut) haben. Wenn bei einem Buchstaben wenig passende Gegenstände zu finden sind, stattdessen Bildkarten auslegen.

Station 8 **Steine legen**
Die Legekarte (S. 28, evtl. laminiert) sowie kleine (Muggel-)Steine bereitlegen.
Zur Unterstützung können Wort- oder Bildkarten bereitgelegt werden.

Station 9 **Anlaut-Bilder**
Buntstifte bereitlegen.

Haptische Übungen zu einem Buchstaben

Die Seiten 30–38 in entsprechender Anzahl kopieren und bereitlegen.

Station 1 **Buchstaben finden**
In einen Beutel verschiedene Gegenstände (z. B. kleiner Ball, Kastanie, Löffel, ...), Materialien (z. B. Stoffreste) sowie den Buchstaben (aus Holz oder Karton) hineinlegen. Schwieriger wird es, wenn verschiedene Buchstaben hineingelegt werden.

Station 2 **Buchstaben legen**
Verschiedene Materialien (z. B. Kastanien, Knöpfe, Perlen, Eicheln, Streichhölzer, Nudeln, ...) bereitlegen oder von den Kindern mitbringen lassen.

Station 3 **Buchstaben formen**
Salzteig oder Knetmasse bereitlegen.
Zutaten für Salzteig: 2 Tassen Mehl, 1 Tasse Salz, 1 Tasse Wasser, evtl. 1 Löffel Tapetenkleister; für eine ganze Klasse die doppelte Menge verwenden.
Um die Buchstaben anschließend (z. B. mit Wasserfarben) zu bemalen, müssen sie entweder einige Tage getrocknet oder im Backofen bei ca. 150°C 45 Min. gebacken werden.

Station 4	**Buchstaben laufen** Springseile bereitlegen.
Station 5	**Buchstaben fühlen** Den Buchstaben (S. 70–75) kopieren, auf Karteikarten (DIN A6) oder Pappe kleben und bereitlegen. Verschiedene Materialien (z. B. Sand, Mossgummi, Linsen, Erbsen, Reis, ...) und Klebstoff bereitlegen. Achtung: Aufgabe 2 sollte erst ausgeführt werden, wenn der Klebstoff getrocknet ist.
Station 6	**Drahtbuchstaben** Pfeifenputzerdraht bereitlegen.
Station 7	**Buchstaben ertasten** Den Buchstaben sowie zwei ähnliche aus Sandpapier ausschneiden und bereitlegen. Ein Tuch zum Verbinden der Augen bereitlegen.
Station 8	**Buchstabenpuzzle** Die Puzzleteile (S. 38) mehrfach kopieren, ausschneiden, evtl. laminieren und bereitlegen.

Schreibmotorische Übungen zu einem Buchstaben

Die Seiten 39–48 in entsprechender Anzahl kopieren und bereitlegen.

Station 2	**Buchstaben im Sand** Kiste (Schuhkarton) oder Tablett mit Sand bereitlegen.
Station 4	**Buchstaben zum Hüpfen** Bunte Kreide auf dem Schulhof bereitlegen. Wenn keine Möglichkeit zum Betreten des Schulhofs besteht, kann der Buchstabe stattdessen mit Klebeband auf den Boden geklebt werden.
Station 5	**Buchstaben an der Tafel** Bei der Verwendung eines Whiteboards kann der Buchstabe mit einer besonderen Schrift (z. B. Sterne als Strich) geschrieben werden.
Station 6	**Süße Buchstaben** Sprühsahne, Backpapier und bunte Zuckerstreusel bereitlegen.
Station 7	**Nasse Buchstaben** Gießkannen auf dem Schulhof bereitlegen. Wenn keine Möglichkeit zum Betreten des Schulhofs besteht, kann der Buchstabe stattdessen mit einem nassen Finger an die Tafel geschrieben werden.
Station 8	**Große und kleine Buchstaben** Verschiedene Papierformate bereitlegen: von DIN A4 bis zum Papierschnipsel.
Station 9	**Schnelle Buchstaben** Weißes Papier (DIN A4) und Stoppuhr bereitlegen.
Station 10	**Wörter schreiben** Buntstifte bereitlegen.

Übungen von A–Z

Die Seiten 49–60 in entsprechender Anzahl kopieren und bereitlegen.
Als Möglichkeit zur Selbstkontrolle können die Lösungen (S. 76) zur Verfügung gestellt werden.

Station 2	**Buchstabenplakat** Verschiedene Materialien (Geschenkpapier, Stoffe, Transparentpapier, ...), Scheren, weißes, großflächiges Papier (DIN A3) und Klebstoff bereitlegen.
Station 3	**Teamwörter** Buchstabenkarten (S. 70–75) kopieren, evtl. laminieren und bereitlegen.
Station 4	**Buchstaben-Memory®** Buchstabenkarten (S. 70–75) kopieren, evtl. laminieren und bereitlegen. Entweder Groß- und Kleinbuchstaben oder nur Großbuchstaben als Paare verwenden.
Station 5	**Blind schreiben** Weißes Papier (DIN A4) bereitlegen.
Station 6	**Würfelspiel** Würfel und Spielfiguren bereitlegen. Aufgabenkarten (S. 56) mehrfach kopieren, evtl. laminieren und auf einem Stapel neben dem laminierten Spielfeld (S. 55) bereitlegen.
Station 7	**Lebendige Buchstaben** Nach der Stationsarbeit kann ein Ratespiel durchgeführt werden, bei dem die Gruppen ihre Buchstaben vorführen.
Station 8	**Achrostichon** Weißes Papier (DIN A4) und evtl. Buntstifte bereitlegen.
Station 10	**Buchstaben-Rätsel** Buntstifte bereitlegen.

Erste Übungen zum Abc

Die Seiten 61–68 in entsprechender Anzahl kopieren und bereitlegen.
Als Möglichkeit zur Selbstkontrolle können die Lösungen (S. 77–79) zur Verfügung gestellt werden.

Station 1	**Geheimschrift** Weißes Papier (DIN A4) bereitlegen.
Station 3	**Blindenschrift** Weißes Papier (DIN A4) bereitlegen.
Station 6	**Abc-Domino** Dominokarten (S. 67 und 68) ausschneiden, laminieren und bereitlegen.

Station 1 Kartoffelbuchstaben

Aufgabe:

1. Bemale den Kartoffelstempel mit Farbe.

2. Drücke den Stempel auf das Papier.

Station 2 Zeitungsbuchstaben

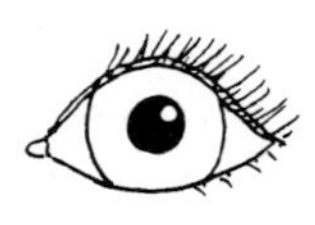

Aufgabe:

1. Male den Buchstaben auf das Papier.

2. Reiße die Zeitung in viele Papierschnipsel.

3. Beklebe den Buchstaben mit den Papierschnipseln.

Station 3 Buchstabencollage

☺☺/☺☺☺

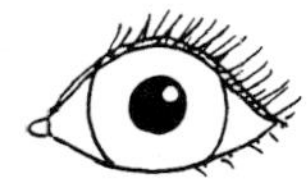

Aufgabe:

1. Sucht den Buchstaben in Zeitschriften oder auf Verpackungen und schneidet alle gefundenen Buchstaben aus.

2. Klebt die Buchstaben gemeinsam auf das Plakat.

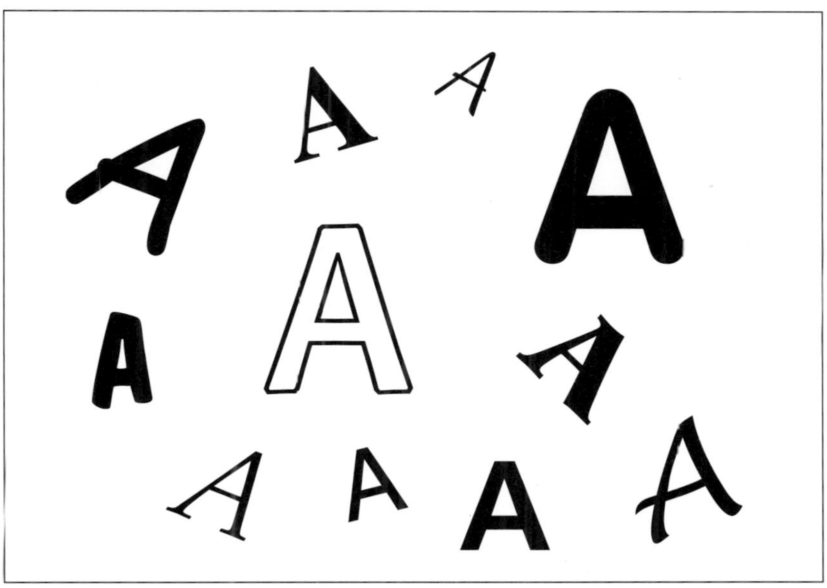

Station 4 Buchstabensuppe

Aufgabe:

Kreise den Buchstaben ein.

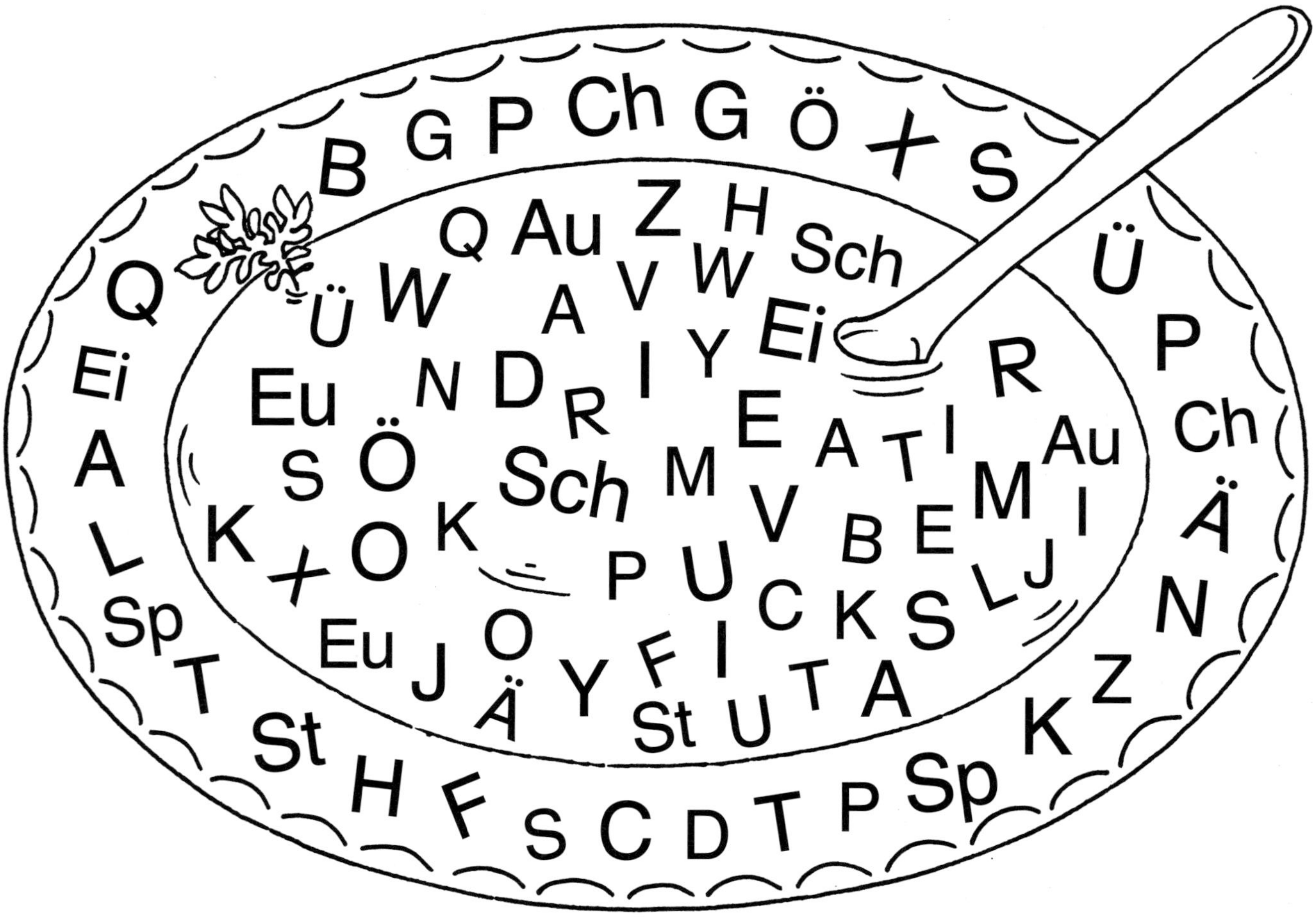

Station 5 Buchstabenbau

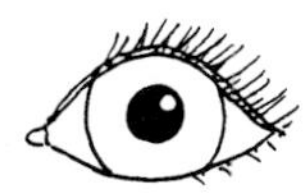

Aufgabe:

1. Suche den Buchstaben in Zeitungen oder Zeitschriften und schneide alle gefundenen Buchstaben aus.

2. Bilde aus vielen kleinen Buchstaben einen großen Buchstaben und klebe ihn auf.

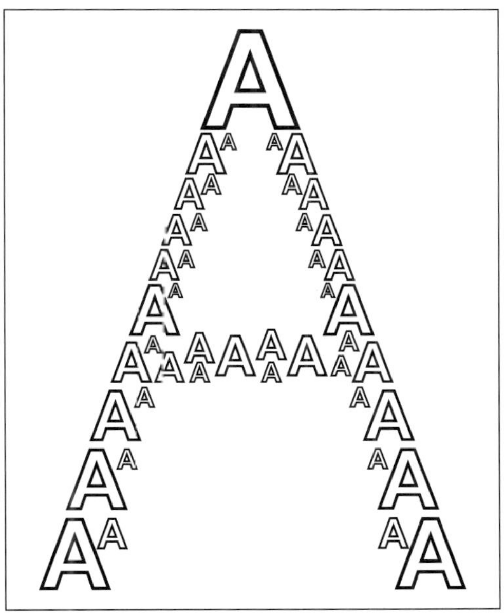

Station 6 Buchstabenbild

Aufgabe:

Male den Buchstaben mit bunten Farben auf das Papier und verziere dein Buchstabenbild.

Station 7 Würfelbuchstaben

Aufgabe:

1. Jeder würfelt mit einem Würfel.

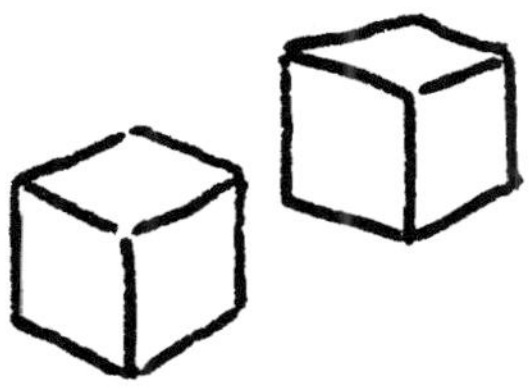

2. Wie oft würfelt ihr den gleichen Buchstaben?

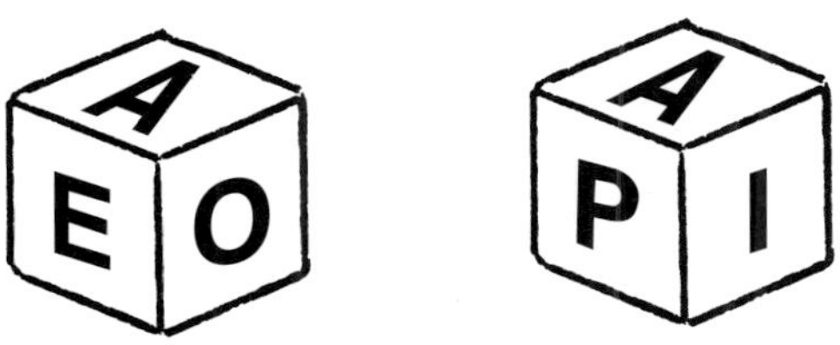

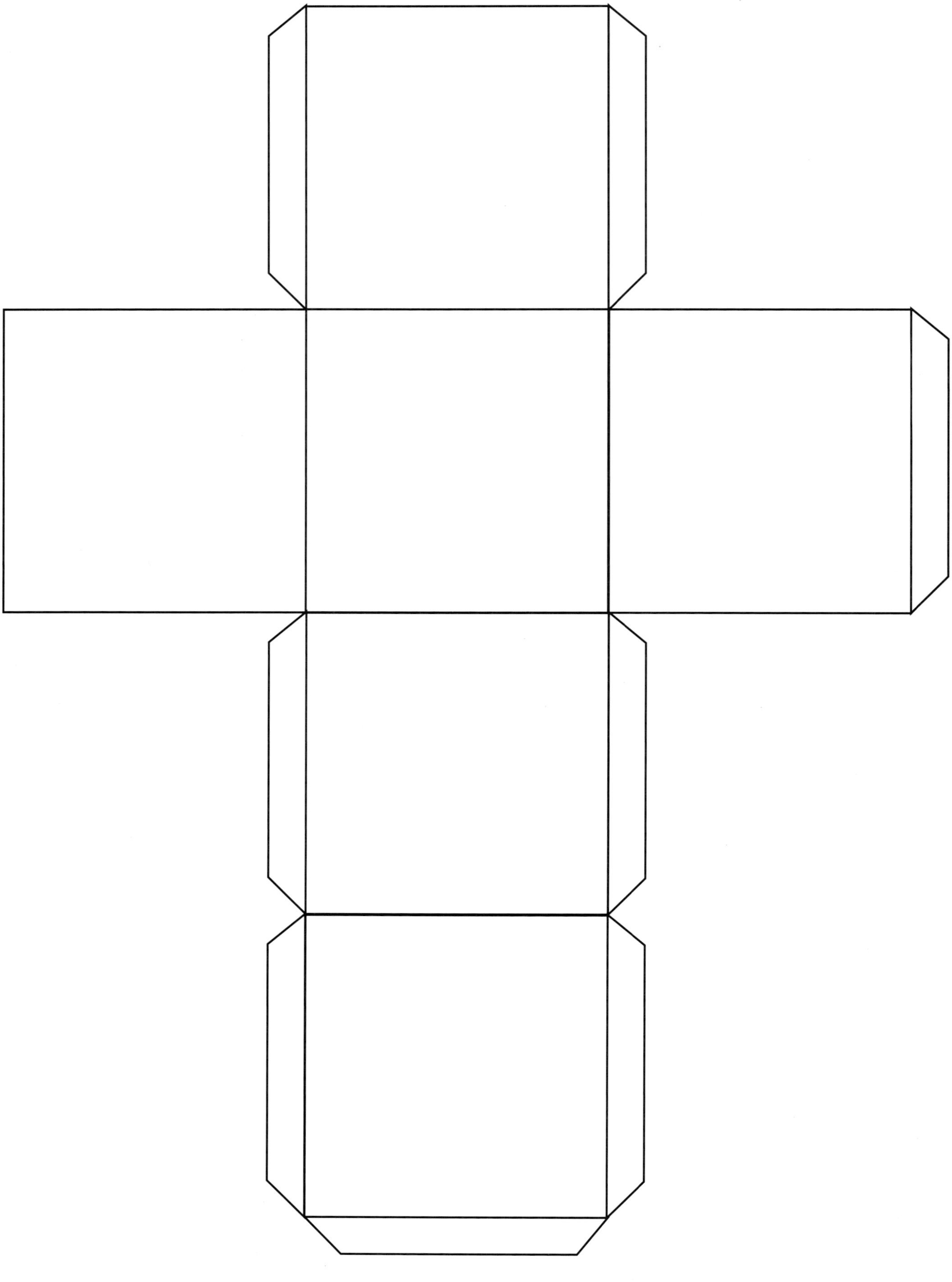

Station 8 Versteckte Buchstaben

Aufgabe:

Sucht gemeinsam in eurem Klassenzimmer, wo ihr den Buchstaben oder seine Form entdecken könnt.

Station 9 Prickelnde Buchstaben

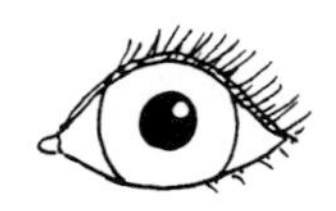

Aufgabe:

1. Schreibe die Umrisse des Buchstaben auf Papier.

2. Lege das Papier auf die Unterlage und steche mit dem Zahnstocher viele kleine Löcher auf den Linien.

3. Löse den Buchstaben aus dem Papier heraus.

Station 10 Steinmalerei

Aufgabe:

Male den Buchstaben auf einen Stein.

Station 1 Ich packe meinen Koffer

Aufgabe:

Spielt das Spiel „Ich packe meinen Koffer“:

1. Überlegt euch Dinge, die mit dem Buchstaben beginnen.
2. Der erste Spieler sagt den Satz „Ich packe meinen Koffer und nehme mit …“ und nennt einen Gegenstand.
3. Der nächste Spieler wiederholt das Genannte und nennt einen weiteren Gegenstand.

Station 2 Städte-Reisen

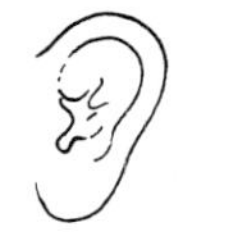

Aufgabe:

1. Sage, wie du heißt.

2. Sage, in welche Stadt du fährst. Sie muss mit dem Buchstaben beginnen.

3. Sage, welchen Gegenstand du mitnimmst. Auch er muss mit dem Buchstaben beginnen.

Städtenamen dürfen auch erfunden werden!

Station 3 Alle Vögel fliegen hoch

Aufgabe:

1. Alle Spieler trommeln mit den Zeigefingern auf der Tischkante.

2. Ein Spieler ruft: „Alle … fliegen hoch!“ und streckt seine Arme nach oben.

3. Die anderen dürfen die Arme nur nach oben strecken, wenn der genannte Gegenstand mit dem Buchstaben beginnt.

Station 4 Klatschspiel

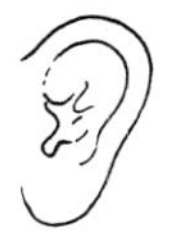

Aufgabe:

1. Sprich verschiedene Wörter.
   Wenn ein Wort mit dem Buchstaben beginnt, muss dein Partner in die Hände klatschen.

2. Tauscht die Rollen. 

Station 5 Klassenzimmer-Suche ☺☺/☺☺☺

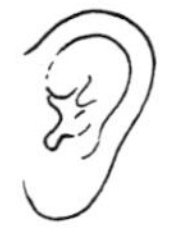

Aufgabe:

1. Suche im Klassenzimmer Dinge, deren Name mit dem Buchstaben beginnt, und schreibe sie auf.

2. Vergleicht die Wörter, die ihr aufgeschrieben habt, miteinander.

Aufgabe:

1. Stellt euch mit dem Rücken zueinander im Kreis auf. Ein Kind steht in der Mitte.

2. Ein Kind spricht den neuen Buchstaben, während alle anderen ständig „Rabarberrabarber …“ sagen.
   Kann das Kind in der Mitte erkennen, wer den Buchstaben spricht?

Station 7 Gruppen bilden

Aufgabe:

Teilt die Gegenstände gemeinsam in drei Gruppen ein.
Wo hört ihr den Buchstaben am Anfang?
Wo hört ihr den Buchstaben in der Mitte?
Wo hört ihr den Buchstaben am Ende?

A ... **... a ...** **... a**

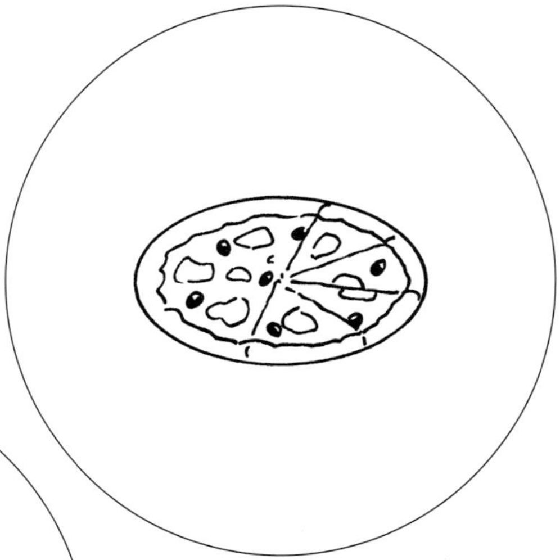

Station 8 Steine legen

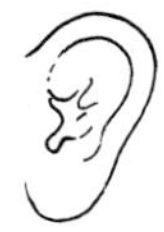

Aufgabe:

1. Sprich verschiedene Wörter.
   Wenn in einem Wort der Buchstabe steckt, legt dein Partner einen Stein auf die Stelle des Geckos, an der er den Buchstaben hört: am Anfang, am Ende oder am Schluss?

2. Tauscht die Rollen. 

Station 9 Anlaut-Bilder

Aufgabe:

Male Dinge, deren Name mit dem Buchstaben beginnt.

Station 1 Buchstaben finden

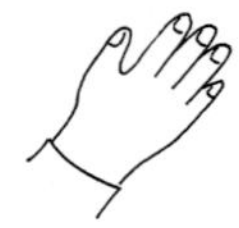

Aufgabe:

Finde den Buchstaben im Fühlsäckchen, ohne hineinzusehen.

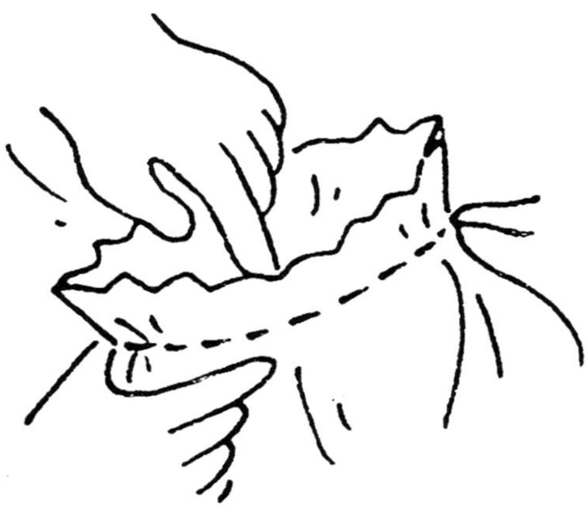

Station 2 Buchstaben legen

Aufgabe:

1. Lege den Buchstaben mit einem Material deiner Wahl auf den Tisch.

2. Fahre den Buchstaben mit dem Finger in Schreibrichtung nach.

3. Schließe die Augen und fahre ihn noch einmal nach.

Station 3 Buchstaben formen

Aufgabe:

Forme den Buchstaben aus Salzteig oder Knete.

Ein Buchstabe aus Salzteig kann nach dem Trocknen bemalt werden.

Station 4 Buchstaben laufen

Aufgabe:

1. Lege den Buchstaben mit Seilen auf den Boden.

2. Laufe den Buchstaben in Schreibrichtung entlang.

Station 5 Buchstaben fühlen

Aufgabe:

1. Beklebe den Buchstaben mit einem Material deiner Wahl.

2. Schließe deine Augen und erfühle mit dem Finger den Buchstaben.

Station 6 Drahtbuchstaben

Aufgabe:

Forme den Buchstaben aus Pfeifenputzerdraht.

Station 7 Buchstaben ertasten

Aufgabe:

1. Einem von euch beiden werden die Augen verbunden.

2. Der Partner mischt die drei Buchstaben.

3. Das „blinde“ Kind ertastet die Buchstaben. Findet es den richtigen?

4. Tauscht die Rollen. 

Station 8 Buchstabenpuzzle

Aufgabe:

Setze den Buchstaben aus den Puzzleteilen zusammen.
Gibt es verschiedene Möglichkeiten?

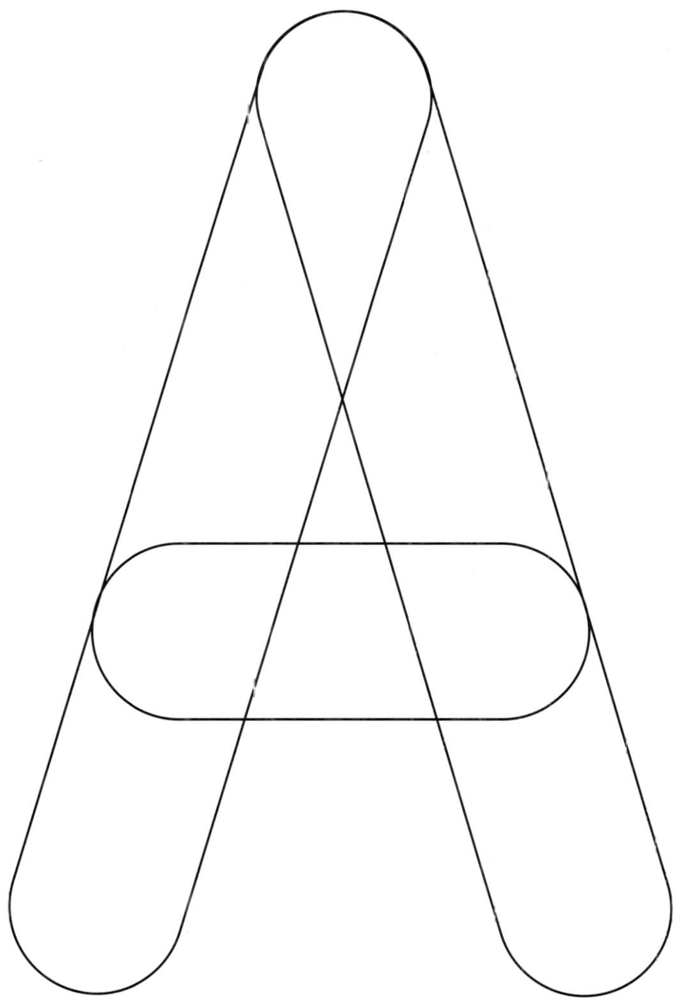

Station 8 Buchstabenpuzzle (Puzzleteile)

Station 1 Buchstaben in der Luft

Aufgabe:

Schreibe den Buchstaben mit dem Finger oder einem Bleistift in die Luft.

Station 2 Buchstaben im Sand

Aufgabe:

Schreibe den Buchstaben in unterschiedlichen Größen in den Sand.

Station 3 Buchstaben auf dem Rücken

Aufgabe:

1. Schreibe den Buchstaben auf den Rücken deines Partners.

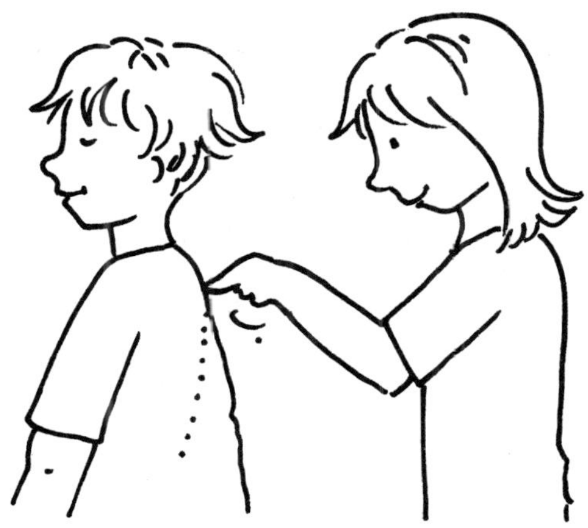

2. Schreibe auch andere Buchstaben auf den Rücken.
   Merkt es dein Partner?

3. Tauscht die Rollen. 

Station 4 Buchstaben zum Hüpfen

Aufgabe:

1. Schreibe den Buchstaben mit Kreide auf den Schulhof.

2. Hüpfe den Buchstaben in Schreibrichtung entlang.

Station 5 Buchstaben an der Tafel

Aufgabe:

Tupfe den Buchstaben mit einem nassen Schwamm an die Tafel.

Station 6 Süße Buchstaben

Aufgabe:

1. Schreibe den Buchstaben mit Sahne auf das Backpapier.

2. Bestreue den Buchstaben mit Streuseln.

Station 7 Nasse Buchstaben

Aufgabe:

Gieße den Buchstaben mit der Gießkanne auf den Schulhof.

Station 8 *Große und kleine Buchstaben*

Aufgabe:

Schreibe den Buchstaben auf das Papier, immer genauso so groß, wie das Papier ist.

A

A

A

Station 9 Schnelle Buchstaben

Aufgabe:

1. Wie viele Buchstaben kannst du in einer Minute aufschreiben?
   Stoppt die Zeit mit der Stoppuhr.

2. Der Partner zählt die Buchstaben. Es zählen nur die schönen und richtigen.

3. Tauscht die Rollen.

Wörter schreiben

Aufgabe:

1. Schreibe Wörter auf, in denen der Buchstabe vorkommt.
   Findest du auch Wörter, in denen der Buchstabe mehrmals vorkommt?
2. Kreise den neuen Buchstaben ein.
3. Male passende Bilder dazu.

Alle meine Buchstaben

Aufgabe:

Schreibe alle Buchstaben auf, die du kennst.

Aufgabe:

Schneidet verschiedene Buchstaben aus unterschiedlichen Materialien aus und klebt sie auf das Plakat.

Aufgabe:

1. Bildet mit den Buchstabenkarten Wörter.

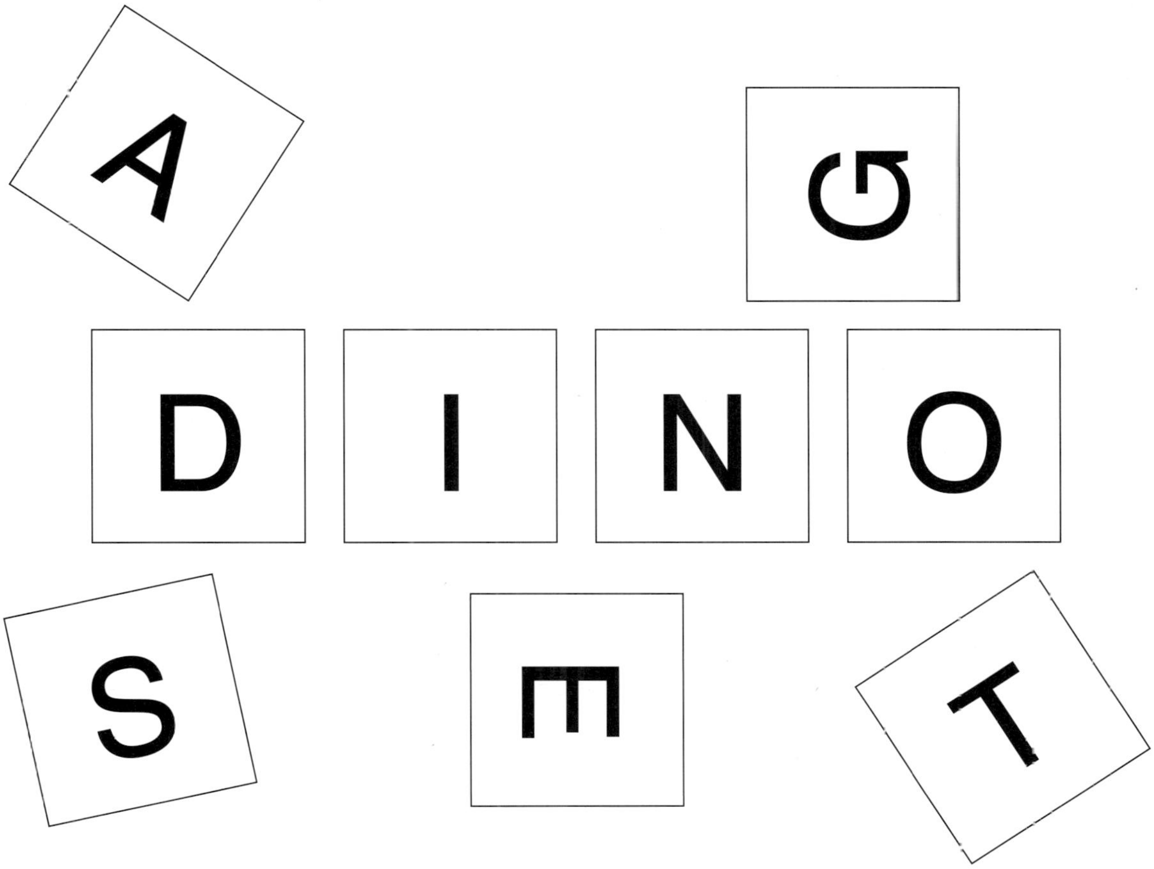

2. Schreibt sie auf.

Aufgabe:

Spielt das Buchstaben-Memory®:

Dreht die Buchstabenkarten um, mischt sie und verteilt sie auf dem Tisch.

Wer an der Reihe ist, dreht zwei Kärtchen um.

Wer ein Buchstaben-Paar findet, darf es zu sich nehmen und ist noch einmal an der Reihe.

Werden zwei verschiedene Buchstaben aufgedeckt, ist der nächste Spieler am Zug.

Wer hat am Ende die meisten Paare?

Station 5 Blind schreiben

Aufgabe:

1. Einer von euch beiden sitzt am Tisch, der andere steht dahinter. Das sitzende Kind hält einen Stift in der Hand und schließt die Augen.

2. Der Stehende führt dem Sitzenden die Hand und beginnt langsam, den Buchstaben zu schreiben.

3. Der „Blinde“ muss erraten, welcher Buchstabe geschrieben wurde.

Aufgabe:

Ihr braucht:

- 2–4 Spieler
- 1 Spielfeld
- 1 Spielfigur pro Kind
- 1 Würfel
- Aufgabenkarten

So geht es:

1. Wer die höchste Zahl würfelt, beginnt.
2. Du würfelst und gehst mit deiner Spielfigur so viele Felder nach vorne, wie du gewürfelt hast.
3. Ziehe eine Aufgabenkarte, lies sie laut vor und löse die Aufgabe.
4. Nun ist das nächste Kind an der Reihe.
5. Wer als Erstes mit der genauen Würfelzahl ins Ziel kommt, hat gewonnen.

Würfelspiel (Spielfeld)

☺☺/☺☺☺

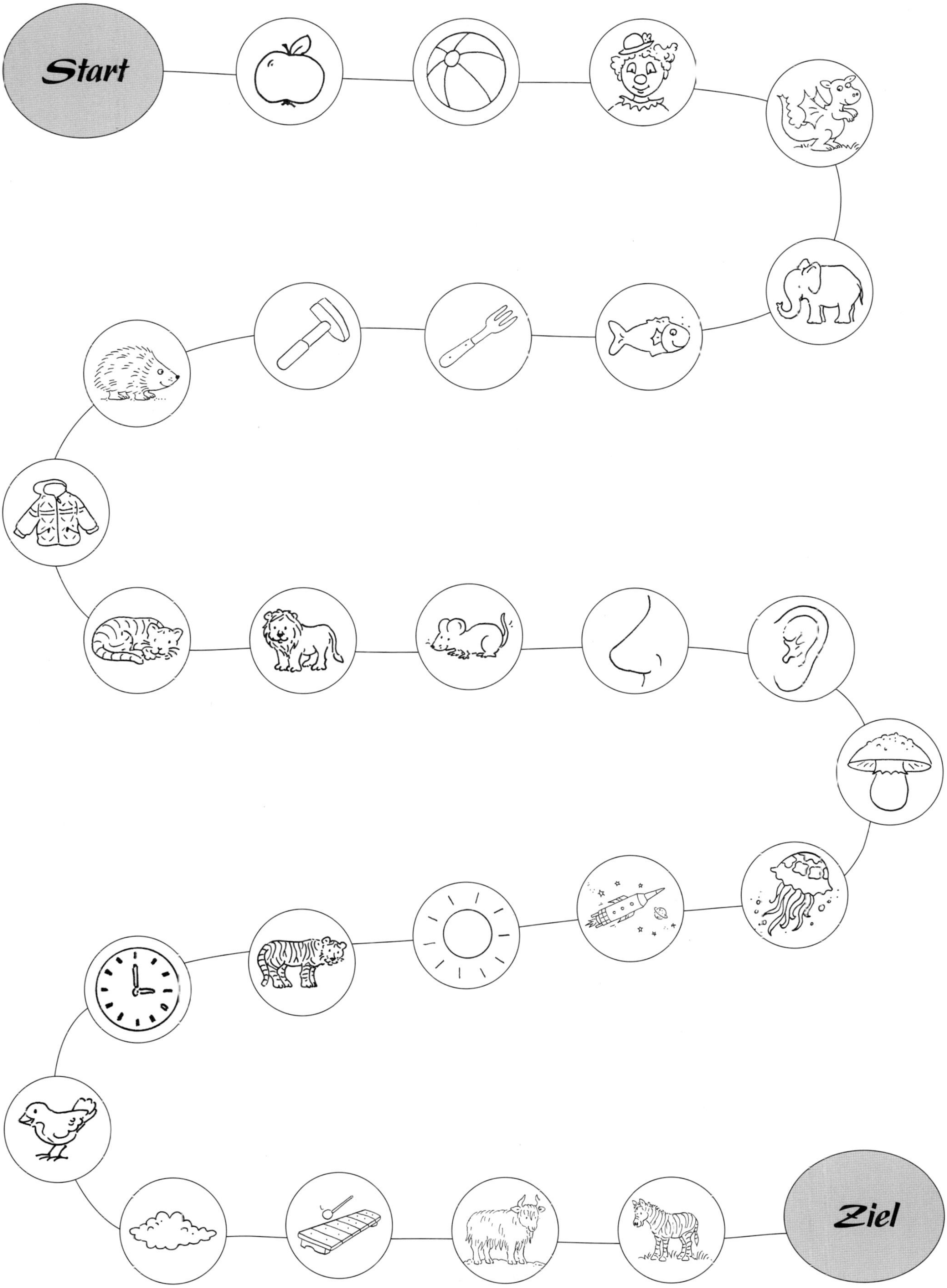

Station 6 Würfelspiel (Aufgabenkarten) ☺☺/☺☺☺

Mit welchem Laut beginnt das Wort?	Sage das Wort zum Bild.	Gehe drei Felder zurück. Mit welchem Laut beginnt dieses Wort?
Nenne zwei Wörter, die mit dem gleichen Laut beginnen.	Setze eine Runde aus.	Gehe drei Felder vor.
Mit welchem Laut endet das Wort?	Wie viele Buchstaben hat das Wort?	Gehe zwei Felder zurück.

Station 7 Lebendige Buchstaben

Aufgabe:

Formt mit euren Körpern verschiedene Buchstaben.

Station 8 Achrostichon

Aufgabe:

1. Schreibe die Buchstaben deines Namens untereinander auf das Papier.

2. Schreibe hinter jeden Buchstaben ein Wort, das zu dir passt, oder etwas, das dir gefällt.

L ustig
O bst
T elefonieren
T anzen
E inrad

F ußball
R adfahren
A utos
N udeln
Z oo

Station 9 Buchstabensuche

Aufgabe:

Kreise alle Buchstaben ein, die es gibt.

Buchstaben-Rätsel

Aufgabe:

1. Welche Buchstaben haben sich in diesen Buchstaben versteckt? Fahre sie farbig nach und schreibe sie auf.

d ☐

W ☐

h ☐

T ☐

Q ☐

B ☐

2. Welche Buchstaben haben ein I im Zeichen?

Station 1 Geheimschrift

ABC

1	2	3	4	5	6	7	8	9	10	11	12	13
A	B	C	D	E	F	G	H	I	J	K	L	M

14	15	16	17	18	19	20	21	22	23	24	25	26
N	O	P	Q	R	S	T	U	V	W	X	Y	Z

Aufgabe:

1. Welche Wörter haben sich hier versteckt?

5	14	20	5

19	15	14	14	5

19	3	8	21	12	5

22	15	7	5	12

2. Schreibe eigene Wörter in der Geheimschrift.

Station 2 Tier-Abc

ABC

Aufgabe:

Schreibe zu jedem Buchstaben des Alphabets ein Tier auf, das mit diesem Buchstaben beginnt.

A

B

C

D

E

F

G

H

I

J

K

L

M

N

O

P

Q

R

S

T

U

V

W

X

Y

Z

Station 3 Blindenschrift

A	B	C	D	E	F	G	H	I	J	K	L	M
●○ ○○ ○○	●○ ●○ ○○	●● ○○ ○○	●● ○● ○○	●○ ○● ○○	●● ●○ ○○	●● ●● ○○	●○ ●● ○○	○● ●○ ○○	○● ●● ○○	●○ ○○ ●○	●○ ●○ ●○	●● ○○ ●○

N	O	P	Q	R	S	T	U	V	W	X	Y	Z
●● ○● ●○	●○ ○● ●○	●● ●○ ●○	●● ●● ●○	●○ ●● ●○	○● ●○ ●○	○● ●● ●○	●○ ○○ ●●	●○ ●○ ●●	○● ●● ○●	●● ○○ ●●	●● ○● ●●	●○ ○● ●●

Aufgabe:

1. Versuche, die folgenden Wörter zu entziffern.

●○ ●○ ○○	●○ ○○ ●●	●● ○○ ○○	●○ ●● ○○	○● ●○ ●○	○● ●● ●○	●○ ○○ ○○	●○ ●○ ○○	●○ ○● ○○

2. Schreibe eigene Wörter in Blindenschrift auf das Papier.

3. Drücke mit einem stumpfen Stift von hinten gegen die Punkte.
   Probiere aus, ob du die Buchstaben nun ertasten kannst.

Station 4 Lückenfüller

Das Abc:

A	B	C	D	E	F	G	H	I	J	K	L	M
N	O	P	Q	R	S	T	U	V	W	X	Y	Z

Aufgabe:

Ergänze die fehlenden Buchstaben des Abc.

1.

A	B	C	D	E			H	I	J	K	L	
N	O		Q	R	S	T	U	V		X	Y	Z

2.

A			D		F	G			J	K		
N	O			R	S	T		V	W			Z

3.

A				E		G	H					M
	O	P			S		U			X		

Station 5 Paare finden

Aufgabe:

Verbinde die zusammengehörenden Buchstaben.

A B C D E F G H I J K L M

d a j k i f h v l g n q r m p s y o t z c u x b w e

N O P Q R S T U V W X Y Z

Station 6 Abc-Domino

Aufgabe:

Legt die Kärtchen passend aneinander.

Station 6 Abc-Domino (Karten 1)

START		A	
B		C	
D		E	
F		G	
H		I	
J		K	
L		M	

N	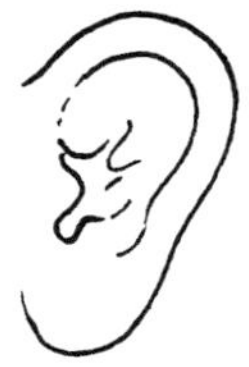	**O**	
P		**Qu**	
R		**S**	
T		**U**	
V		**W**	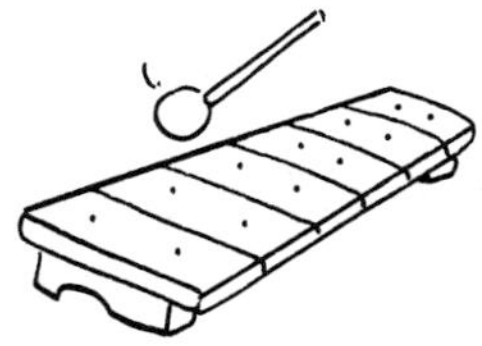
X		**Y**	
Z	ZIEL		

Laufzettel

für ______________________

PFLICHTSTATIONEN

Stationsnummer	Buchstabe	Erledigt am	Kontrolliert am
Nummer ______			
Nummer ______			
Nummer ______			
Nummer ______			
Nummer ______			
Nummer ______			
Nummer ______			
Nummer ______			

WAHLSTATIONEN

Stationsnummer	Buchstabe	Erledigt am	Kontrolliert am
Nummer ______			
Nummer ______			
Nummer ______			
Nummer ______			
Nummer ______			
Nummer ______			
Nummer ______			

Buchstabenkarten (1)

A	B	C
D	E	F
G	H	I
J	K	L

Buchstabenkarten (2)

M	N	O
P	Qu	R
S	T	U
V	W	X

Buchstabenkarten (3)

Y	Z	a
b	c	d
e	f	g
h	i	j

Buchstabenkarten (4)

k	l	m
n	o	p
qu	r	s
t	u	v

Buchstabenkarten (5)

w	x	y
z	Ch	ch
Ä	Ö	Ü
ä	ö	ü

Buchstabenkarten (6)

Ei	Eu	Au
ei	eu	au
Sp	St	Sch
sp	st	sch

Lösungen

Übungen von A–Z/Station 9 Seite 59

Übungen von A–Z/Station 10 Seite 60

1.

d	a
W	V
h	n
T	l
Q	O

2. B, D, E, F, H, K, L, M, N, P, R, T, b, d, h, k, l, p, q, t

Erste Übungen zum Abc/Station 1 — Seite 61

5	14	20	5
E	N	T	E

19	15	14	14	5
S	O	N	N	E

19	3	8	21	12	5
S	C	H	U	L	E

22	15	7	5	12
V	O	G	E	L

Erste Übungen zum Abc/Station 2 — Seite 62

Affe
Bär
Chamäleon
Dackel
Elefant
Fuchs
Gans
Hund
Igel
Jaguar
Känguru
Luchs
Maus
Nashorn
Ochse
Pinguin
Qualle
Rabe
Seepferdchen
Taube
Uhu
Vogel
Wildschwein
X –
Yak
Zebra

Erste Übungen zum Abc/Station 3 — Seite 63

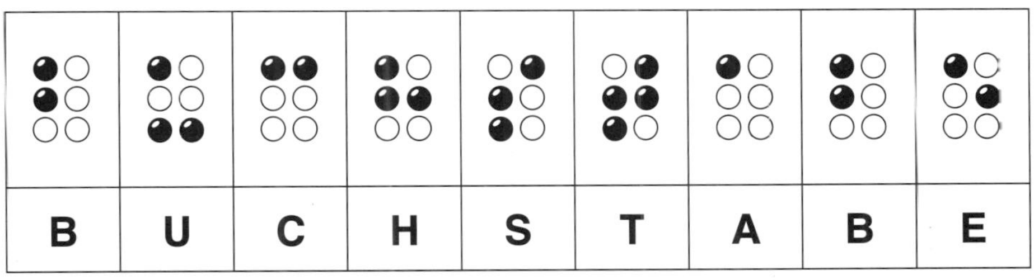

B	U	C	H	S	T	A	B	E

Erste Übungen zum Abc/Station 4

Seite 64

1.

A	B	C	D	E	**F**	**G**	H	I	J	K	L	**M**
N	O	**P**	Q	R	S	T	U	V	**W**	X	Y	Z

2.

A	**B**	**C**	D	**E**	F	G	**H**	**I**	J	K	**L**	**M**
N	O	**P**	**Q**	R	S	T	**U**	V	W	**X**	**Y**	Z

3.

A	**B**	**C**	**D**	E	**F**	G	H	**I**	**J**	**K**	**L**	M
N	O	P	**Q**	**R**	S	**T**	U	**V**	**W**	X	**Y**	**Z**

Erste Übungen zum Abc/Station 5

Seite 65

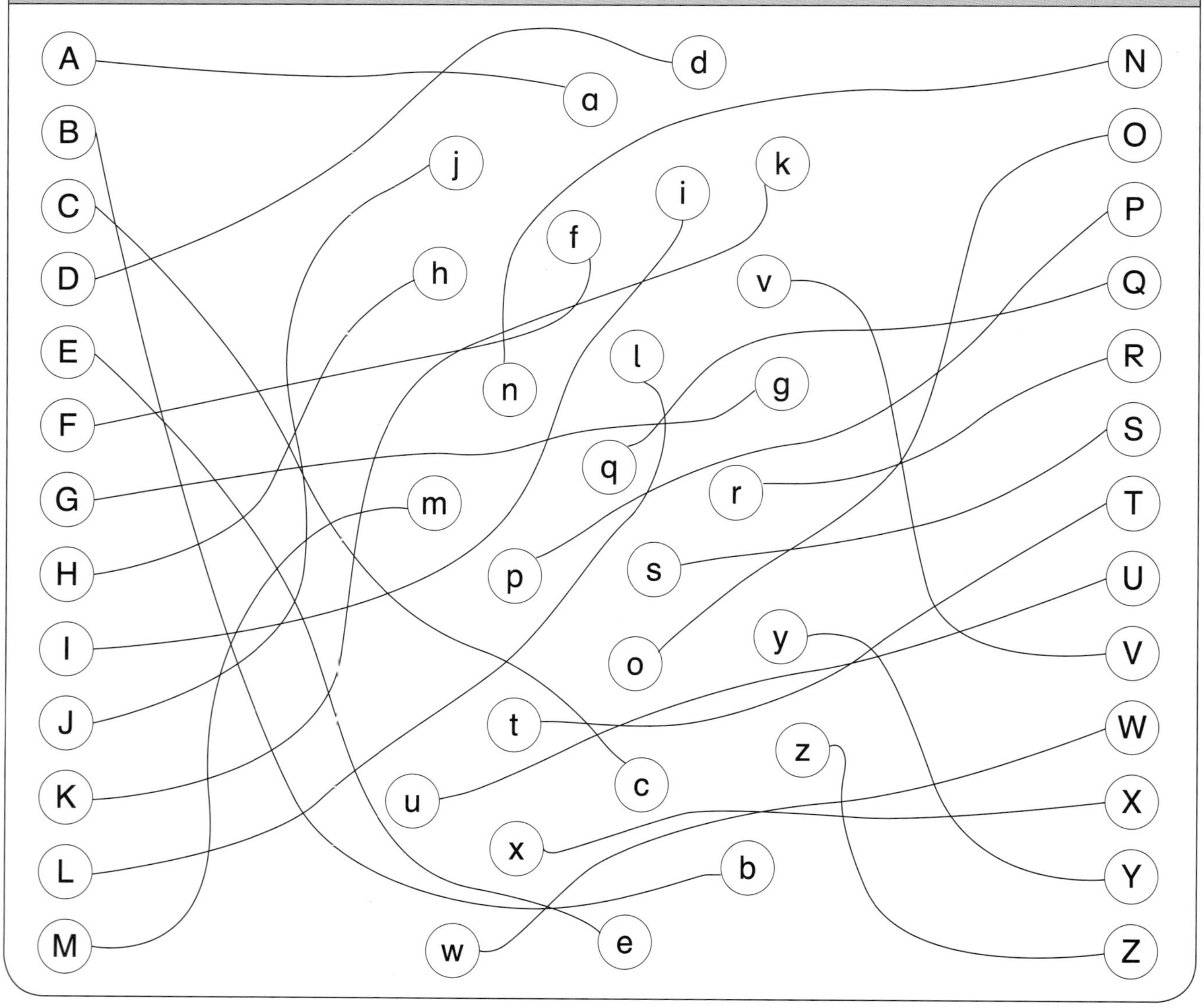

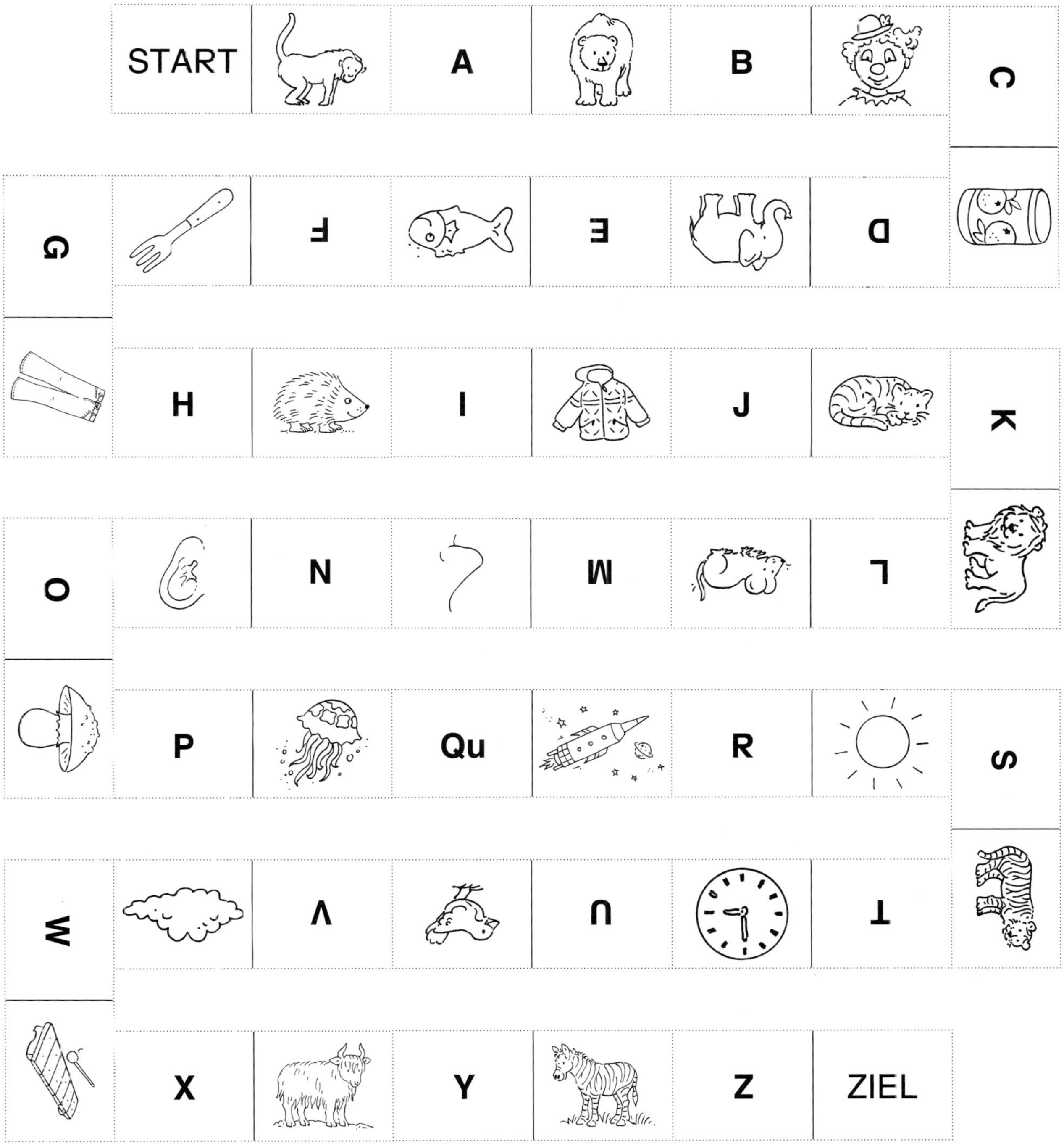
START
A
B
C
D
E
F
G
H
I
J
K
L
M
N
O
P
Qu
R
S
T
U
V
W
X
Y
Z
ZIEL